中华人民共和国
无障碍环境建设法

（2023 年 6 月 28 日第十四届全国人民代表大会
常务委员会第三次会议通过）

人民出版社

目　　录

目　录

中华人民共和国主席令

第六号

《中华人民共和国无障碍环境建设法》已由中华人民共和国第十四届全国人民代表大会常务委员会第三次会议于 2023 年 6 月 28 日通过,现予公布,自 2023 年 9 月 1 日起施行。

中华人民共和国主席　习近平
2023 年 6 月 28 日

中华人民共和国无障碍环境建设法

（2023 年 6 月 28 日第十四届全国人民代表
大会常务委员会第三次会议通过）

目　　录

第一章　总　　则

第一条　为了加强无障碍环境建设,保障残疾人、老年人平等、充分、便捷地参与和融入社会生活,促进社会全体人员共享经济社会发展成果,弘扬社会主义核心价值观,根据宪法和有关法律,制定本法。

第二条　国家采取措施推进无障碍环境建设,为残疾人、老年人自主安全地通行道路、出入建筑物以及使用其附属设施、搭乘公共交通运输工具,获取、使用和交流信息,获得社会服务等提供便利。

残疾人、老年人之外的其他人有无障碍需求的,可以享受无障碍环境便利。

第三条　无障碍环境建设应当坚持中国共产党的领导,发挥政府主导作用,调动市场主体积极性,引导社会组织和公众广泛参与,推动全社会共建共治共享。

第四条　无障碍环境建设应当与适老化改造相

结合,遵循安全便利、实用易行、广泛受益的原则。

第五条　无障碍环境建设应当与经济社会发展水平相适应,统筹城镇和农村发展,逐步缩小城乡无障碍环境建设的差距。

第六条　县级以上人民政府应当将无障碍环境建设纳入国民经济和社会发展规划,将所需经费纳入本级预算,建立稳定的经费保障机制。

第七条　县级以上人民政府应当统筹协调和督促指导有关部门在各自职责范围内做好无障碍环境建设工作。

县级以上人民政府住房和城乡建设、民政、工业和信息化、交通运输、自然资源、文化和旅游、教育、卫生健康等部门应当在各自职责范围内,开展无障碍环境建设工作。

乡镇人民政府、街道办事处应当协助有关部门做好无障碍环境建设工作。

第八条　残疾人联合会、老龄协会等组织依照法律、法规以及各自章程,协助各级人民政府及其有关部门做好无障碍环境建设工作。

第九条　制定或者修改涉及无障碍环境建设的

法律、法规、规章、规划和其他规范性文件,应当征求残疾人、老年人代表以及残疾人联合会、老龄协会等组织的意见。

第十条 国家鼓励和支持企业事业单位、社会组织、个人等社会力量,通过捐赠、志愿服务等方式参与无障碍环境建设。

国家支持开展无障碍环境建设工作的国际交流与合作。

第十一条 对在无障碍环境建设工作中做出显著成绩的单位和个人,按照国家有关规定给予表彰和奖励。

第二章 无障碍设施建设

第十二条 新建、改建、扩建的居住建筑、居住区、公共建筑、公共场所、交通运输设施、城乡道路等,应当符合无障碍设施工程建设标准。

无障碍设施应当与主体工程同步规划、同步设计、同步施工、同步验收、同步交付使用,并与周边的无障碍设施有效衔接、实现贯通。

无障碍设施应当设置符合标准的无障碍标识,并纳入周边环境或者建筑物内部的引导标识系统。

第十三条 国家鼓励工程建设、设计、施工等单位采用先进的理念和技术,建设人性化、系统化、智能化并与周边环境相协调的无障碍设施。

第十四条 工程建设单位应当将无障碍设施建设经费纳入工程建设项目概预算。

工程建设单位不得明示或者暗示设计、施工单位违反无障碍设施工程建设标准;不得擅自将未经验收或者验收不合格的无障碍设施交付使用。

第十五条 工程设计单位应当按照无障碍设施工程建设标准进行设计。

依法需要进行施工图设计文件审查的,施工图审查机构应当按照法律、法规和无障碍设施工程建设标准,对无障碍设施设计内容进行审查;不符合有关规定的,不予审查通过。

第十六条 工程施工、监理单位应当按照施工图设计文件以及相关标准进行无障碍设施施工和监理。

住房和城乡建设等主管部门对未按照法律、法规和无障碍设施工程建设标准开展无障碍设施验收或者验收不合格的，不予办理竣工验收备案手续。

第十七条　国家鼓励工程建设单位在新建、改建、扩建建设项目的规划、设计和竣工验收等环节，邀请残疾人、老年人代表以及残疾人联合会、老龄协会等组织，参加意见征询和体验试用等活动。

第十八条　对既有的不符合无障碍设施工程建设标准的居住建筑、居住区、公共建筑、公共场所、交通运输设施、城乡道路等，县级以上人民政府应当根据实际情况，制定有针对性的无障碍设施改造计划并组织实施。

无障碍设施改造由所有权人或者管理人负责。所有权人、管理人和使用人之间约定改造责任的，由约定的责任人负责。

不具备无障碍设施改造条件的，责任人应当采取必要的替代性措施。

第十九条　县级以上人民政府应当支持、指导家庭无障碍设施改造。对符合条件的残疾人、老年人家庭应当给予适当补贴。

居民委员会、村民委员会、居住区管理服务单位以及业主委员会应当支持并配合家庭无障碍设施改造。

第二十条 残疾人集中就业单位应当按照有关标准和要求，建设和改造无障碍设施。

国家鼓励和支持用人单位开展就业场所无障碍设施建设和改造，为残疾人职工提供必要的劳动条件和便利。

第二十一条 新建、改建、扩建公共建筑、公共场所、交通运输设施以及居住区的公共服务设施，应当按照无障碍设施工程建设标准，配套建设无障碍设施；既有的上述建筑、场所和设施不符合无障碍设施工程建设标准的，应当进行必要的改造。

第二十二条 国家支持城镇老旧小区既有多层住宅加装电梯或者其他无障碍设施，为残疾人、老年人提供便利。

县级以上人民政府及其有关部门应当采取措施、创造条件，并发挥社区基层组织作用，推动既有多层住宅加装电梯或者其他无障碍设施。

房屋所有权人应当弘扬中华民族与邻为善、守望相助等传统美德,加强沟通协商,依法配合既有多层住宅加装电梯或者其他无障碍设施。

第二十三条 新建、改建、扩建和具备改造条件的城市主干路、主要商业区和大型居住区的人行天桥和人行地下通道,应当按照无障碍设施工程建设标准,建设或者改造无障碍设施。

城市主干路、主要商业区等无障碍需求比较集中的区域的人行道,应当按照标准设置盲道;城市中心区、残疾人集中就业单位和集中就读学校周边的人行横道的交通信号设施,应当按照标准安装过街音响提示装置。

第二十四条 停车场应当按照无障碍设施工程建设标准,设置无障碍停车位,并设置显著标志标识。

无障碍停车位优先供肢体残疾人驾驶或者乘坐的机动车使用。优先使用无障碍停车位的,应当在显著位置放置残疾人车辆专用标志或者提供残疾人证。

在无障碍停车位充足的情况下,其他行动不便的残疾人、老年人、孕妇、婴幼儿等驾驶或者乘坐的机动车也可以使用。

第二十五条　新投入运营的民用航空器、客运列车、客运船舶、公共汽电车、城市轨道交通车辆等公共交通运输工具,应当确保一定比例符合无障碍标准。

既有公共交通运输工具具备改造条件的,应当进行无障碍改造,逐步符合无障碍标准的要求;不具备改造条件的,公共交通运输工具的运营单位应当采取必要的替代性措施。

县级以上地方人民政府根据当地情况,逐步建立城市无障碍公交导乘系统,规划配置适量的无障碍出租汽车。

第二十六条　无障碍设施所有权人或者管理人应当对无障碍设施履行以下维护和管理责任,保障无障碍设施功能正常和使用安全:

(一)对损坏的无障碍设施和标识进行维修或者替换;

(二)对需改造的无障碍设施进行改造;

(三)纠正占用无障碍设施的行为;

（四）进行其他必要的维护和保养。

所有权人、管理人和使用人之间有约定的，由约定的责任人负责维护和管理。

第二十七条 因特殊情况设置的临时无障碍设施，应当符合无障碍设施工程建设标准。

第二十八条 任何单位和个人不得擅自改变无障碍设施的用途或者非法占用、损坏无障碍设施。

因特殊情况临时占用无障碍设施的，应当公告并设置护栏、警示标志或者信号设施，同时采取必要的替代性措施。临时占用期满，应当及时恢复原状。

第三章　无障碍信息交流

第二十九条 各级人民政府及其有关部门应当为残疾人、老年人获取公共信息提供便利；发布涉及自然灾害、事故灾难、公共卫生事件、社会安全事件等突发事件信息时，条件具备的同步采取语音、大字、盲文、手语等无障碍信息交流方式。

第三十条 利用财政资金设立的电视台应当在

播出电视节目时配备同步字幕,条件具备的每天至少播放一次配播手语的新闻节目,并逐步扩大配播手语的节目范围。

国家鼓励公开出版发行的影视类录像制品、网络视频节目加配字幕、手语或者口述音轨。

第三十一条 国家鼓励公开出版发行的图书、报刊配备有声、大字、盲文、电子等无障碍格式版本,方便残疾人、老年人阅读。

国家鼓励教材编写、出版单位根据不同教育阶段实际,编写、出版盲文版、低视力版教学用书,满足盲人和其他有视力障碍的学生的学习需求。

第三十二条 利用财政资金建立的互联网网站、服务平台、移动互联网应用程序,应当逐步符合无障碍网站设计标准和国家信息无障碍标准。

国家鼓励新闻资讯、社交通讯、生活购物、医疗健康、金融服务、学习教育、交通出行等领域的互联网网站、移动互联网应用程序,逐步符合无障碍网站设计标准和国家信息无障碍标准。

国家鼓励地图导航定位产品逐步完善无障碍设施的标识和无障碍出行路线导航功能。

第三十三条　音视频以及多媒体设备、移动智能终端设备、电信终端设备制造者提供的产品，应当逐步具备语音、大字等无障碍功能。

银行、医院、城市轨道交通车站、民用运输机场航站区、客运站、客运码头、大型景区等的自助公共服务终端设备，应当具备语音、大字、盲文等无障碍功能。

第三十四条　电信业务经营者提供基础电信服务时，应当为残疾人、老年人提供必要的语音、大字信息服务或者人工服务。

第三十五条　政务服务便民热线和报警求助、消防应急、交通事故、医疗急救等紧急呼叫系统，应当逐步具备语音、大字、盲文、一键呼叫等无障碍功能。

第三十六条　提供公共文化服务的图书馆、博物馆、文化馆、科技馆等应当考虑残疾人、老年人的特点，积极创造条件，提供适合其需要的文献信息、无障碍设施设备和服务等。

第三十七条　国务院有关部门应当完善药品标签、说明书的管理规范，要求药品生产经营者提供语音、大字、盲文、电子等无障碍格式版本的标签、说明书。

国家鼓励其他商品的生产经营者提供语音、大字、盲文、电子等无障碍格式版本的标签、说明书，方便残疾人、老年人识别和使用。

第三十八条 国家推广和使用国家通用手语、国家通用盲文。

基本公共服务使用手语、盲文以及各类学校开展手语、盲文教育教学时，应当采用国家通用手语、国家通用盲文。

第四章 无障碍社会服务

第三十九条 公共服务场所应当配备必要的无障碍设备和辅助器具，标注指引无障碍设施，为残疾人、老年人提供无障碍服务。

公共服务场所涉及医疗健康、社会保障、金融业务、生活缴费等服务事项的，应当保留现场指导、人工办理等传统服务方式。

第四十条 行政服务机构、社区服务机构以及供水、供电、供气、供热等公共服务机构,应当设置低位服务台或者无障碍服务窗口,配备电子信息显示屏、手写板、语音提示等设备,为残疾人、老年人提供无障碍服务。

第四十一条 司法机关、仲裁机构、法律援助机构应当依法为残疾人、老年人参加诉讼、仲裁活动和获得法律援助提供无障碍服务。

国家鼓励律师事务所、公证机构、司法鉴定机构、基层法律服务所等法律服务机构,结合所提供的服务内容提供无障碍服务。

第四十二条 交通运输设施和公共交通运输工具的运营单位应当根据各类运输方式的服务特点,结合设施设备条件和所提供的服务内容,为残疾人、老年人设置无障碍服务窗口、专用等候区域、绿色通道和优先坐席,提供辅助器具、咨询引导、字幕报站、语音提示、预约定制等无障碍服务。

第四十三条 教育行政部门和教育机构应当加强教育场所的无障碍环境建设,为有残疾的师生、员工提供无障碍服务。

国家举办的教育考试、职业资格考试、技术技能考试、招录招聘考试以及各类学校组织的统一考试，应当为有残疾的考生提供便利服务。

第四十四条 医疗卫生机构应当结合所提供的服务内容，为残疾人、老年人就医提供便利。

与残疾人、老年人相关的服务机构应当配备无障碍设备，在生活照料、康复护理等方面提供无障碍服务。

第四十五条 国家鼓励文化、旅游、体育、金融、邮政、电信、交通、商业、餐饮、住宿、物业管理等服务场所结合所提供的服务内容，为残疾人、老年人提供辅助器具、咨询引导等无障碍服务。

国家鼓励邮政、快递企业为行动不便的残疾人、老年人提供上门收寄服务。

第四十六条 公共场所经营管理单位、交通运输设施和公共交通运输工具的运营单位应当为残疾人携带导盲犬、导听犬、辅助犬等服务犬提供便利。

残疾人携带服务犬出入公共场所、使用交通运输设施和公共交通运输工具的，应当遵守国家有关规定，为服务犬佩戴明显识别装备，并采取必要的防护措施。

第四十七条　应急避难场所的管理人在制定以及实施工作预案时,应当考虑残疾人、老年人的无障碍需求,视情况设置语音、大字、闪光等提示装置,完善无障碍服务功能。

第四十八条　组织选举的部门和单位应当采取措施,为残疾人、老年人选民参加投票提供便利和必要协助。

第四十九条　国家鼓励和支持无障碍信息服务平台建设,为残疾人、老年人提供远程实时无障碍信息服务。

第五章　保障措施

第五十条　国家开展无障碍环境理念的宣传教育,普及无障碍环境知识,传播无障碍环境文化,提升全社会的无障碍环境意识。

新闻媒体应当积极开展无障碍环境建设方面的公益宣传。

第五十一条　国家推广通用设计理念,建立健全国家标准、行业标准、地方标准,鼓励发展具有引领性的团体标准、企业标准,加强标准之间的衔接配合,构建无障碍环境建设标准体系。

地方结合本地实际制定的地方标准不得低于国家标准的相关技术要求。

第五十二条 制定或者修改涉及无障碍环境建设的标准,应当征求残疾人、老年人代表以及残疾人联合会、老龄协会等组织的意见。残疾人联合会、老龄协会等组织可以依法提出制定或者修改无障碍环境建设标准的建议。

第五十三条 国家建立健全无障碍设计、设施、产品、服务的认证和无障碍信息的评测制度,并推动结果采信应用。

第五十四条 国家通过经费支持、政府采购、税收优惠等方式,促进新科技成果在无障碍环境建设中的运用,鼓励无障碍技术、产品和服务的研发、生产、应用和推广,支持无障碍设施、信息和服务的融合发展。

第五十五条 国家建立无障碍环境建设相关领域人才培养机制。

国家鼓励高等学校、中等职业学校等开设无障碍环境建设相关专业和课程,开展无障碍环境建设理论研究、国际交流和实践活动。

建筑、交通运输、计算机科学与技术等相关学科专业应当增加无障碍环境建设的教学和实践内容,相关领域职业资格、继续教育以及其他培训的考试内容应当包括无障碍环境建设知识。

第五十六条 国家鼓励机关、企业事业单位、社会团体以及其他社会组织,对工作人员进行无障碍服务知识与技能培训。

第五十七条 文明城市、文明村镇、文明单位、文明社区、文明校园等创建活动,应当将无障碍环境建设情况作为重要内容。

第六章 监督管理

第五十八条 县级以上人民政府及其有关主管部门依法对无障碍环境建设进行监督检查,根据工作需要开展联合监督检查。

第五十九条 国家实施无障碍环境建设目标责

任制和考核评价制度。县级以上地方人民政府根据本地区实际,制定具体考核办法。

第六十条 县级以上地方人民政府有关主管部门定期委托第三方机构开展无障碍环境建设评估,并将评估结果向社会公布,接受社会监督。

第六十一条 县级以上人民政府建立无障碍环境建设信息公示制度,定期发布无障碍环境建设情况。

第六十二条 任何组织和个人有权向政府有关主管部门提出加强和改进无障碍环境建设的意见和建议,对违反本法规定的行为进行投诉、举报。县级以上人民政府有关主管部门接到涉及无障碍环境建设的投诉和举报,应当及时处理并予以答复。

残疾人联合会、老龄协会等组织根据需要,可以聘请残疾人、老年人代表以及具有相关专业知识的人员,对无障碍环境建设情况进行监督。

新闻媒体可以对无障碍环境建设情况开展舆论监督。

第六十三条 对违反本法规定损害社会公共利

益的行为,人民检察院可以提出检察建议或者提起公益诉讼。

第七章 法律责任

第六十四条 工程建设、设计、施工、监理单位未按照本法规定进行建设、设计、施工、监理的,由住房和城乡建设、民政、交通运输等相关主管部门责令限期改正;逾期未改正的,依照相关法律法规的规定进行处罚。

第六十五条 违反本法规定,有下列情形之一的,由住房和城乡建设、民政、交通运输等相关主管部门责令限期改正;逾期未改正的,对单位处一万元以上三万元以下罚款,对个人处一百元以上五百元以下罚款:

(一)无障碍设施责任人不履行维护和管理职责,无法保障无障碍设施功能正常和使用安全;

(二)设置临时无障碍设施不符合相关规定;

(三)擅自改变无障碍设施的用途或者非法占用、损坏无障碍设施。

第六十六条　违反本法规定，不依法履行无障碍信息交流义务的，由网信、工业和信息化、电信、广播电视、新闻出版等相关主管部门责令限期改正；逾期未改正的，予以通报批评。

第六十七条　电信业务经营者不依法提供无障碍信息服务的，由电信主管部门责令限期改正；逾期未改正的，处一万元以上十万元以下罚款。

第六十八条　负有公共服务职责的部门和单位未依法提供无障碍社会服务的，由本级人民政府或者上级主管部门责令限期改正；逾期未改正的，对直接负责的主管人员和其他直接责任人员依法给予处分。

第六十九条　考试举办者、组织者未依法向有残疾的考生提供便利服务的，由本级人民政府或者上级主管部门予以批评并责令改正；拒不改正的，对直接负责的主管人员和其他直接责任人员依法给予处分。

第七十条　无障碍环境建设相关主管部门、有关组织的工作人员滥用职权、玩忽职守、徇私舞弊的，依法给予处分。

第七十一条　违反本法规定,造成人身损害、财产损失的,依法承担民事责任;构成犯罪的,依法追究刑事责任。

第八章　附　　则

第七十二条　本法自 2023 年 9 月 1 日起施行。

图书在版编目(CIP)数据

中华人民共和国无障碍环境建设法. —北京:人民出版社,
  2023.8
ISBN 978－7－01－025805－8

Ⅰ. ①中… Ⅱ. Ⅲ. ①无障碍环境建设法–中国
  Ⅳ. ①D922. 182. 3

中国国家版本馆 CIP 数据核字(2023)第 125868 号

中华人民共和国无障碍环境建设法
ZHONGHUA RENMIN GONGHEGUO WU ZHANG'AI HUANJING JIANSHE FA

人民出版社 出版发行
(100706　北京市东城区隆福寺街 99 号)

北京新华印刷有限公司印刷　新华书店经销

2023 年 8 月第 1 版　2023 年 8 月北京第 1 次印刷
开本:880 毫米×1230 毫米 1/32　印张:1
字数:14 千字

ISBN 978－7－01－025805－8　定价:6.00 元

邮购地址 100706　北京市东城区隆福寺街 99 号
人民东方图书销售中心　电话 (010)65250042　65289539